# FRANCE

## EXPOSITION UNIVERSELLE DE PHILADELPHIE (ÉTATS-UNIS)

# NOTICE

## SUR LES TRAVAUX

### DE LA

# SOCIÉTÉ POUR L'INSTRUCTION ÉLÉMENTAIRE

## (ENSEIGNEMENT LAÏQUE)

Fondée **en 1815** et reconnue établissement d'utilité publique
par ordonnance du 29 Avril 1831.

ORIGINE DE LA SOCIÉTÉ. — SES FONDATEURS. — PREMIER CONSEIL D'ADMINISTRATION.
CORRESPONDANTS ÉTRANGERS. — CRÉATION ET ENTRETIEN D'ÉCOLES.
INITIATIVE DES COURS NORMAUX POUR LES FILLES. — CONCOURS, EXAMENS. — RÉCOMPENSES:
AUX INSTITUTEURS, INSTITUTRICES ET AUX ÉLÈVES.
FONDATIONS DE PRIX. — RÉCOMPENSES AUX OUVRAGES SUR L'ENSEIGNEMENT.
SALLES D'ASILE. — MÉTHODE PHONOMIMIQUE.

## PARIS

### SIÉGE DE LA SOCIÉTÉ

RUE HAUTEFEUILLE, 1 BIS.

—

## 1876

# NOTICE

## SUR LES TRAVAUX

### DE LA

# SOCIÉTÉ POUR L'INSTRUCTION ÉLÉMENTAIRE

(ENSEIGNEMENT LAÏQUE)

Fondée en 1815 et reconnue établissement d'utilité publique
par ordonnance du 29 Avril 1831.



Aussitôt après les guerres de l'Empire, le domaine des idées utiles
humanitaires et fertilisantes tend à se substituer à celui des faits qui
depuis quinze ans avaient étouffé dans leur germe les promesses des
grandes époques de 89 et 92.

Dès 1814, plusieurs philanthropes, membres de la Société d'encouragement pour l'industrie nationale, MM. J.-B. Say, A. de Laborde, de Lasteyrie, Jomard vont étudier en Angleterre et en Suisse
les méthodes d'instruction populaire. À leur retour ils arrêtent les
bases d'une association « pour assembler et répandre les lumières
« propres à procurer à la classe inférieure du peuple le genre d'édu-
« cation intellectuelle et morale le plus approprié à ses besoins. » Ils
font part de leurs idées à la Société d'encouragement pour l'industrie
nationale. Cette dernière approuve immédiatement le projet, sous-
crit des fonds et prête un concours qui a toujours été, qui est encore
aujourd'hui très-précieux à la Société pour l'instruction élémentaire.

Aux membres dont nous venons de citer les noms s'adjoignirent avec empressement le philanthrope Larochefoucault-Liancourt, le musicien Choron, le littérateur Mérimée, l'éditeur Hachette, et nombre d'autres hommes distingués.

Vinrent les Cent-Jours; mais, heureusement avec eux, Carnot qui fut, comme ministre de l'instruction publique en 1815, un précieux appui pour la nouvelle Société.

Carnot avait été vivement frappé d'un fait qui prouvait combien le régime du Consulat et de l'Empire avait réussi à détruire tout ce que la Convention avait créé pour l'instruction du peuple. Deux millions de jeunes Français restaient complétement dépourvus de tout moyen de s'instruire. Carnot d'accord avec les membres de la Société, provoqua la formation d'un comité chargé d'étudier les meilleures méthodes d'enseignement primaire. Il appela, pour les composer, MM. de Laborde, Jomard, Ch. de Lasteyrie, de Gérando, Fr. Cuvier, J.-B. Say, l'abbé Gaultier, auxquels il communiqua l'ardeur du zéle dont il était animé. Un jour il les présidait. On l'appelle; il sort un instant, puis, impassible, sans dire un seul mot, il rentre et reprend le cours de la discussion. — Carnot venait d'apprendre le désastre de Waterloo.

Après les Cent-Jours, les membres de la Société nouvelle, bien qu'ils fussent désormais sans appui et livrés à leurs propres forces, ne pensèrent pas devoir cesser leurs travaux. Nous ne croyons pas sans intérêt de rappeler les noms de ces premiers et bienfaisants fondateurs,

## PREMIER CONSEIL D'ADMINISTRATION (1815)

| | |
|---|---|
| De GÉRANDO (le baron), Conseiller d'Etat. *Président.* | JOMARD), membre du Comité d'Instruction publique, *Secrétaire.* |
| De LASTEYRE (le Comte), *Vice-Président.* | HENRI DUVAL., Sous-Chef au ministère de l'intérieur, *Secrétaire.* |
| SAY (Jean-Baptiste), *Vice-Président.* | BOSC, *Censeur.* |
| De LABORDE (le comte Alex.), maître des requêtes, *Secrétaire général.* | HUZARD, membre de l'Institut. *Censeur.* |
| De MONTEGRE, Docteur en médecine. *Secrétaire* | MESNIER, *Trésorier.* |

## MEMBRES DU CONSEIL

MM.
AMPÈRE, membre de l'Institut.
BUTET.
BOURIAT.
BAILLY.
BASSET, Censeur au Collége royal Charlemagne.
BROGLIE (le duc de), Pair de France.
COUTELLE (le chevalier), Inspecteur aux revues.
CHORON, Correspondant de l'Institut.
CATTEAU-CALLEVILLE, homme de lettres.
DUVAL-AMAURY, membre de l'Institut.
GALLOIS, ancien député.
GAULTIER (l'abbé).
GIRARD, Inspecteur divisionnaire aux Ponts et Chaussées.

MM.
GUILLET, chef d'institution.
HUMBLOT-CONTÉ, manufacturier.
HACHETTE, professeur à l'École polytechnique.
JULLIEN, Inspecteur aux revues.
LE BŒUF, chef de division à la Légion d'honneur.
LAROCHEFOUCAULT-LIANCOURT (le duc de).
MOREAU DE SAINT-MÉRY, Ex-Conseiller d'État.
MAURICE (le baron), maître des requêtes.
MAINE DE BIRAN.
PÉRIER-SAPIAZ.
PILLET.
THUROT, professeur au Collége de France.

## ASSOCIÉS ÉTRANGERS

MM.
KENT (le duc de).
SUSSEX (le duc de).
ALLEN.
BANKS (sir Joseph).
DE BEDFORT (le duc de).
BELL (le docteur).
BEUNETT (sir Henry).
CAMPE.
CAPO-D'ISTRIA.
CHENEVIX RICHARD.
FELLENBERG.
FOX.

MM.
GUTSMUTS.
LANCASTER.
NIDERER.
MEMEYER.
PESTALOZZI.
PICTET (Charles).
SCHAW.
SCHWABE.
SCHMIDT.
VOGHT.
WHITEBREAD.

Ainsi la Société compte aujourd'hui soixante-et-une années d'existence : plus d'un demi-siècle. — D'abord favorablement accueillie par le gouvernement de la Restauration, elle fut ensuite obligée de se défendre contre le parti des ténèbres, qui lui faisait un crime de son origine et l'accusait *d'ébranler le gouvernement, de menacer les classes supérieures, de viser au renversement des lois morales,* etc. Elle ne s'en maintint pas moins, elle n'en combattit que plus énergiquement l'esprit d'ignorance sous toutes ses formes. Le récit des luttes qu'elle soutint contre le clergé ultramontain et contre les obscurantistes remplirait tout un volume.

A ses débuts, elle avait emprunté à l'Angleterre, introduit en France et perfectionné la méthode d'enseignement mutuel ; pour la propager, elle avait fondé les écoles de Saint-Jean-de-Beauvais, de Gaultier, de La Rochefoucauld, de Basset, de la Halle aux Draps, à Paris ; elle la répandit dans toute l'Europe, dans les possessions françaises d'Afrique et d'Asie, et jusqu'en Amérique. Elle donna à Royer-Collard, président du conseil de l'instruction publique, alors simple dépendance du ministère de l'intérieur, l'idée d'instituer des comités cantonaux chargés de surveiller l'instruction primaire dans toute la France. En même temps que, devançant la critique et les journaux, elle signalait et relevait la première, les énormités du livre du père Loriquet, elle inspirait et composait les premiers tableaux de lecture, d'arithmétique et de grammaire. En 1819, sur la proposition de M. de Gérando, appuyé par MM. Francœur et de Lasteyrie, et sur le rapport favorable de M. Jomard, en dépit des calomnies des ultramontains, qui l'accusaient de *vouloir seulement former des cantatrices et des chœurs à l'Opéra,* elle introduisit, avec la méthode de Wilhem, l'un de ses membres, les exercices de chant et de musique dans ses écoles. — L'orphéon était fondé.

De plus grands obstacles vinrent s'opposer à l'enseignement de la gymnastique. Dès 1818, pourtant, sans écouter les clameurs des partisans de l'ignorance, qui prétendaient que la gymnastique n'avait pour but que de *former des saltimbanques ou des brigands habiles à l'escalade,* elle avait nommé une commission pour examiner la méthode du colonel Amoros, qui admettait gratuitement dans son gymnase les élèves des écoles de la Société. Le rapport avait été très-favorable : la Société avait pris une initiative énergique. Et cependant, dans la séance du 2 juin 1818, M. Jomard, président ho-

noraire, dut déplorer, selon ses propres expressions « l'état d'aban-
« don où, depuis des années, la gymnastique, si utile, était tombée
« pour le malheur de la génération qui s'élevait .. Je demande » —
ajoutait l'honorable président, — « je demande que la Société, qui
« a tout fait il y a trente ans pour propager la création de l'emploi
« de la gymnastique, se remette à l'œuvre pour tâcher d'en faire
« réintroduire l'usage dans les écoles communales, où il semble au-
« jourd'hui négligé. » La Société, alors comme toujours, fit son
devoir ; mais elle ne fut pas secondée, et nous déplorons encore
aujourd'hui cette lacune dans les progrès de la Société.

C'est à la Société qu'est due l'introduction de l'enseignement de
la géographie, du dessin linéaire, de l'histoire, dans les écoles primaires ; elle a provoqué, amené la création des écoles de régiments,
de la marine et des prisons, des bibliothèques populaires et communales, toutes œuvres auxquelles la Convention seule avait pensé
jusqu'alors. Elle a, pour récompenser et stimuler le zèle des instituteurs, fondé des prix, institué des mentions honorables et des mé-
dailles qui sont distribuées tous les ans, et dont l'estime publique,
chaque jour, rehausse de plus en plus la valeur ; elle a publié et
adopté des traités de pédagogie et de science élémentaire, des traités
de morale pratique surtout, dont quelques-uns, comme la méthode
élémentaire de dessin linéaire du savant Francœur, comme le *Simon
de Nantua* de E. de Jussieu, comme les tableaux d'arithmétique de
M. Jomard, collègue de Francœur à l'Institut, comme la méthode
de Wilhem, ont rendu les plus grands services et hâté singulière-
ment les progrès de l'enseignement populaire ; elle a récompensé,
propagé nombre d'excellents écrits ; elle a fait comprendre les avantages résultant de l'emploi des machines comme les bienfaits des
caisses d'épargne ; elle a répandu les premières notions d'anatomie,
de chimie et d'économie politique.

La Société a fondé, sous le titre de JOURNAL D'ÉDUCATION POPULAIRE,
un Bulletin publié mensuellement depuis 1815, qui se compose aujourd'hui de 67 volumes. Cette publication a obtenu une médaille
d'argent à l'Exposition universelle de Paris en 1867.

« Le Journal d'éducation populaire, disait M. Carnot dès 1817,

« forme une collection importante que doivent connaître et consulter
« tous ceux qui s'occupent de l'enseignement. Il contient l'histoire la
« plus ancienne et la plus complète de ses progrès, des difficultés
« qu'il a fallu vaincre pour la constituer en France; l'esprit de sa
« rédaction n'a pas varié, non plus que celui de la Société; elle
« s'est toujours opposée hautement, franchement, depuis 1830, comme
« auparavant, aux envahissements de l'éducation congréganiste,
« soutenant avec fermeté que l'éducation laïque donne à l'État de
« meilleurs citoyens, à la famille, des chefs plus éclairés. »

Enfin un critique judicieux, impartial et consciencieux, Waille,
s'exprimait ainsi en 1855 :

« Du dépouillement que nous avons fait des quarante volumes du
« Journal d'éducation populaire, il ressort un fait d'une haute impor-
« tance. Depuis quarante ans, nous avons assisté à plusieurs révolutions,
« à des mouvements nombreux d'opinions pédagogiques, politiques
« et littéraires. Eh bien, tel a été l'esprit de modération, de sage et
« ferme direction du Conseil de la Société pour l'instruction élé-
« mentaire, que dans ces 40 volumes, auxquels ont pris part tant de
« rédacteurs différents, nous n'avons pas trouvé un seul passage, je
« ne dis pas à retrancher, mais qui ne justifie le titre de Journal de
« l'instruction populaire, pas un seul qui, aujourd'hui encore, ne
« puisse être signalé à l'attention des éducateurs et des familles. »

Enfin les services que la Société avait rendus étaient si éclatants
qu'en 1831 le Gouvernement d'alors, par une ordonnance, la reconnut
*établissement d'utilité publique*, sur un rapport au Roi signé d'Argout, dont nous reproduisons les termes :

« Sire,

« La Société instituée pour l'amélioration de l'instruction élémen-
« taire, dont j'ai l'honneur de présenter les statuts à l'approbation
« de Votre Majesté, rend depuis seize ans les plus grands services à
« l'enseignement primaire. C'est à elle que l'on doit l'établissement
« en France des Écoles d'enseignement mutuel; c'est elle surtout
« qui a su, par de constants efforts, les maintenir en activité à l'épo-
« que où elles furent, sous une fâcheuse influence, frappées d'une

« sorte de proscription. On ne peut nier cependant que le mode
« d'instruction qu'elle mettait en pratique ne fût plus économique et
« plus complet que ceux usités jusqu'alors. On ne saurait contester
« également que ses procédés affaiblissaient le principal obstacle qui,
« dans les villes et les campagnes, écarte des écoles les enfants de
« la classe ouvrière.

« La Société entretient à ses frais trois écoles primaires dans le
« sein de la ville de Paris ; elle s'occupe de fournir et de procurer
« des maîtres pour les écoles des départements, dans lesquelles,
« par ses soins, sont distribués à ses frais, et selon les besoins, des
« crayons, des livres, des tableaux ; elle examine toutes les nou-
« velles méthodes d'enseignement, et en prescrit l'usage dans les
« écoles lorsque les avantages en sont reconnus.

« Dans la vue si utile de former en France une Bibliothèque po-
« pulaire, à l'exemple de ce qui se pratique dans plusieurs pays
« étrangers, et particulièrement en Écosse, elle distribue, chaque
« année, plusieurs prix pour encourager la publication d'ouvrages
« appropriés à l'intelligence des enfants, ou destinés à l'instruction
« de la classe ouvrière.

« Votre Majesté, qui, par ses exemples, a montré de quel prix
« était à ses yeux l'instruction primaire, appréciera sans doute de
« pareils travaux exécutés avec d'assez faibles ressources, lorsqu'elle
« saura que ce n'est qu'avec le secours des souscriptions volontaires,
« des dons et des legs de quelques amis de l'humanité, que cette
« Société fait face à ses dépenses. Mais pour qu'elle puisse réguliè-
« rement recevoir, posséder, il est nécessaire qu'elle soit reconnue par
« ordonnance royale, et c'est dans ce but que je prie Votre Majesté
« de vouloir bien revêtir de sa signature l'ordonnance qui la recon-
« naît comme établissement d'utilité publique.

« D'ARGOUT. »

C'est principalement à l'action de la Société, aux travaux de ses
membres, que la France est redevable des dispositions utiles de la
loi de 1833 sur l'instruction primaire. Et cela, comme l'a démontré
dans un remarquable mémoire l'un de nos plus regrettés collègues,

M. Delaporte, membre de l'Assemblée constituante de 1848, malgré les dispositions peu favorables de M. Guizot, auquel on a fait trop longtemps honneur de réformes, particulièrement en ce qui touche l'enseignement des jeunes filles. Subissant cette influence, le pouvoir s'appliqua à gêner en tout l'action d'une Société qui voulait l'enseignement libre, laïque, l'enseignement pour tous. M. Guizot inventa même un prétexte spécieux pour enlever à la Société le droit de donner à l'école-modèle de la rue de Beauvais le nom de Carnot, son fondateur. Mais la Société savait dédaigner les tracasseries ministérielles tout aussi bien que les colères ultramontaines. Fidèle à la pensée de ses fondateurs, elle cherchait à stimuler la France par de salutaires et saisissants exemples. Elle appelait l'attention de tous sur les merveilleux progrès et sur les non moins merveilleux effets de l'enseignement populaire dans l'Allemagne du Nord et surtout aux États-Unis d'Amérique ; elle ouvrait des concours et distribuait des récompenses pour la composition de livres destinés aux écoles élémentaires des communes rurales ; elle concourait à la propagation des salles d'asile, favorisait l'étude des questions d'enseignement populaire, les recommandait et répandait les meilleures publications sur ce sujet ; elle inspectait les écoles, récompensait non-seulement les maîtres, mais aussi les élèves ; ouvrait entre ces derniers des concours où se pressaient, en 1875, près de 2,500 sujets des deux sexes ; délivrait, à la suite de ces concours, des certificats de trois degrés, et enfin, comme couronnement de ses persévérantes dispositions à étendre et propager l'instruction pour tous, elle créait en faveur des jeunes filles des cours normaux publics et gratuits (1), qui réunissent plus de 1000 élèves.

______

(1) Voir les cahiers des diverses compositions faites par les Élèves dans une séance spéciale sous le contrôle des Professeurs.

## ANNÉE 1875-76

# PROGRAMME DES COURS

*Algèbre.* — M. VINOT.

*Allemand.* — M. BIRMANN.

*Anglais* (1re année). — Mlle O. SULLIVAN.

*Anglais* (2me année). — Mme LEMAITRE-MESSERVY.

*Arithmétique* (1re année). — M. FAUVEAU.

*Arithmétique* (2me année). — M. BÉGUIN.

*Bibliologie pédagogique.* — M. COCHERIS.

*Botanique.* — M. MICHAUT.

*Chimie.* — M. JACQUEMART.

*Comptabilité.* — M. BUTEZ.

*Cosmographie.* — M. BORNAT.

*Dessin.* — M. et Mad. LANDRY.

*Écriture.* — M. PASKRIEWIEZ.

*Géographie de la France.* — Mlle CHALLE.

*Géographie des cinq parties du monde.* — M. S. COHN.

*Géométrie.* — M. HOMERY.

*Grammaire Française.* — M. RIDOUX.

*Histoire ancienne.* — M. BOURGEOIS.

*Histoire de l'Art.* — Mad. CAZES d'AIX.

*Histoire de la civilisation en France.* — M. CHALLAMEL.

*Histoire de France.* — M. MARAIS.

*Histoire de la Littérature Française.* — M. PAGÈS.

*Histoire moderne.* — M. RHEIMS.

*Histoire de la Révolution Française.* — M. P. BEURDELEY.

*Hygiène et Médecine usuelle.* — M. PORAK.

*Italien* (1re et 2me année). — M. CARBONARI.

*Lecture à haute voix et récitation.* — M. Marius LAISNÉ.

*Littérature ancienne.* — M. BRUN.

*Morale.* — M. LEBLOND.

*Musique vocale.* — MM. POIRSON et ROGER.

*Notions de droit.* — M. HENDLÉ.

*Origine et formation de la langue Française.* — M. COCHERIS.

*Pédagogie.* — M. DELON.

*Physique.* — M. PATIN.

*Principes de Rhétorique.* — M. Albert LE ROY.

*Sténographie et Phonomimie.* — M. GROSSELIN et Mlle GANDON.

*Travaux d'aiguille.* — Mme REMOIVILLE.

*Zoologie.* — M. Georges VAN GELDER.

Décidés en 1864, inaugurés sous la présidence de M. Marie e
1866, ces cours, à l'origine, étaient suivis par cent jeunes personne
seulement. En 1873, ils comptent près de 1,000 élèves et sont a
nombre de 38, parmi lesquels il faut signaler le premiers cours e
morale fondé en France pour les femmes et professé aujourd'hui pa
M. Leblond, membre de l'Assemblée nationale, ancien procureu
général à Paris.

La littérature ancienne et moderne, les langues italienne, espa
gnole, anglaise, allemande, les sciences physiques et naturelles, le
mathématiques, la comptabilité, y sont enseignées concurremmer
avec les travaux à l'aiguille, la musique, la lecture à haute voix, l
sténographie, la pédagogie, le droit usuel, le dessin, la géographie
l'histoire ancienne, l'histoire moderne et l'histoire de France. Chaqu
année un certain nombre de ces élèves obtiennent à l'Hôtel de-Vill
le brevet élémentaire et aussi le brevet supérieur. Quelques-unes
après de brillants examens, ont passé des bancs des élèves de l
Société à l'estrade des professeurs.

Ainsi quand M. Duruy, ministre de l'instruction publique, aidait
former et encourageait l'association fondée à la Sorbonne pour l'en
seignement des jeunes personnes, il ne faisait, comme membre de l
Société, que suivre l'exemple donné par ses collègues.

Dans cette création dont l'initiative lui appartenait, la Société pou
l'instruction élémentaire sut garder son indépendance et n'eut aucun
complaisance envers le pouvoir. Celui-ci crut la punir, la froisse
dans ses intérêts et diminuer son action en lui retirant la modest
subvention que le ministère de l'instruction publique lui accorda
annuellement depuis 1831. La Société, trop fière pour se plaindre
trop instruite sur les hommes et les choses de l'Empire pour s'éton
ner, laissa à l'opinion publique le soin de la venger. Elle n'attend
pas longtemps. Elle avait ouvert des conférences à son bénéfice : l
foule y accourut.

La sympathie qu'inspirait la Société lui a valu de nombreux e
touchants témoignages survivant à ceux qui l'avaient appréciée per
dant leur vie. Un honorable commerçant, M. Gorin, d'accord ave

n frère, son unique héritier, lui a légué en mourant la petite fortune
'il devait à son travail : d'autres dons se succèdent ; le nombre des
ciétaires s'accroît sensiblement ; enfin, et comme haute preuve
estime et d'encouragement, le gouvernement de la République lui
nd ce que l'Empire lui avait enlevé.

Les douloureux événements qui se sont produits en 1870 et 1871
t à peine ralenti ses travaux. Hier elle étudiait et recommandait
méthode phonomimique de l'un de ses plus dévoués, de ses plus
grettés membres, M. Augustin Grosselin. Elle constatait avec bon-
ur que M. Grosselin, à force d'intelligence et de patriotique amour
ur les enfants, était venu à bout de permettre l'enseignement simul-
né des sourds-muets et des entendants-parlants, le tout au grand
antage des uns comme des autres. En effet, la pratique seule de
méthode, en l'absence même de toute leçon d'accentuation, délie
langue des premiers en même temps que, pour les seconds, elle
ansforme en un véritable jeu les études rudimentaires, jusqu'alors
pénibles pour l'enfance.

Grâce au zèle de M. Emile Grosselin, qui continue si dignement
euvre de son père, grâce aussi au dévouement de Mlle Gaudon,
rectrice de l'une des plus remarquables salles d'asile de Paris, le
enfait de la phonomimie est déjà répandu dans de nombreuses
oles de la capitale et de la province.

Enfin, aujourd'hui, la Société pour l'instruction élémentaire
conde énergiquement le mouvement d'opinion qui tend à amener la
alisation complète en France de l'enseignement populaire gratuit,
ligatoire et laïque.


Nous croyons ne pouvoir mieux terminer cet exposé qu'en met-
nt sous les yeux de nos lecteurs le tableau des récompenses
cordées par la Société depuis sa fondation et la liste de membres
i composent aujourd'hui le Conseil d'administration, comme
ndant à la liste du premier Conseil reproduit pages 2 et 3.

Auguste MARAIS.

# RÉCOMPENSES ACCORDÉES PAR LA SOCIÉTÉ

## DEPUIS SA FONDATION.

La Société a accordé 14,138 récompenses aux Instituteurs Institutrices et Directrices de Salles d'asile, réparties ainsi qu'il suit :

| | |
|---|---:|
| Médailles d'or | 33 |
| Médailles de vermeil | 4 |
| Médailles d'argent | 1.726 |
| Médailles de bronze | 5.138 |
| Mentions honorables | 7.179 |
| Prix extraordinaires de 1,000 fr | 3 |
| Prix extraordinaires de 500 fr | 5 |
| Prix pour concours | 50 |
| Ensemble | 14.138 |

## OUVRAGES RÉCOMPENSÉS :

| | |
|---|---:|
| Médailles d'argent | 130 |
| Médailles de bronze | 270 |
| Mentions honorables | 300 |
| Ensemble | 700 |

Elle a fait environ 3,000 rapports ou notices sur les méthodes et ouvrages d'enseignement.

## SECOURS AUX ÉCOLES :

La Société a accordé des secours en argent, livres et matériel à plus de 900 Écoles.

Tout cela représente une dépense d'environ deux millions.

# PRÉSIDENTS DE LA SOCIÉTÉ

## DEPUIS SA FONDATION.

| | |
|---|---|
| 1815 | MM. De GÉRANDO (le Baron). |
| 16-17 | BECQUEY, Conseiller d'Etat. |
| 1818 | De la ROCHEFOUCAULT (le Duc). |
| 19-20 | De la VAUGUYON (le Duc), Pair de France. |
| 1821 | De la ROCHEFOUCAULT (le Duc). |
| 1822 | De TARENTE (le Maréchal Duc). |
| 1823 | De RAGUSE (le Maréchal Duc). |
| 1824 | D'ALBUFÉRA (le Maréchal Duc), Pair de France. |
| 25-26 | DESSOLLES (le Général Marquis), Pair de France. |
| 26-27 | MOLLIEN (le Comte). |
| 1828 | De HASTEYNE (le Comte). |
| 1829 | TERNAUX aîné, Député. |
| 1830 | FRANCŒUR, Professeur à la Faculté des Sciences. |
| 1831 | De GERANDO (le Baron). |
| 1832 | De PRASLIN (le Duc), Pair de France. |
| 1833 | ISMARD, Membre de l'Institut. |
| 1834 | FRANCŒUR. |
| 1835 | De JOUVENCEL, Député. |
| 1836 | DUPIN, aîné. |
| 1837 | De PRASLIN (le Duc). |
| 1838 | DUPIN aîné. |
| 1839 | De JOUVENCEL (Député). |
| 1840 | De PRASLIN (le Duc). |
| 841 | DUPIN aîné. |
| 1842 | BOULAY de la MEURTHE. |
| 1843 | De LADOUCETTE (le Baron). |
| 844 | BOULAY de la MEURTHE. |
| 1845 | DUPIN aîné. |
| 1846 | De LADOUCETTE (le Baron). |
| 847 | BOULAY de la MEURTHE. |
| 848 | CARNOT, Représentant du peuple. |
| 849 | BOULAY de la MEURTHE. |
| 850 | DUPIN, Président de la Chambre des représentants du peuple. |
| 851 | BOULAY de la MEURTHE. |

| | |
|---|---|
| 1852 | MM. GODARD DE SAPONAY. |
| 1853 | MICHELOT, AUGUSTE. |
| 1854 | CHARLES DE LADOUCETTE (le Baron). |
| 1855 | CHARLES DUPIN (le Baron). |
| 1856 | BOULAY DE LA MEURTHE (le comte). |
| 1857 | GODARD DE SAPONAY. |
| 1858 | ALEXIS BEAU. |
| 1859 | DUMAS, Sénateur. |
| 1860 | GODARD DE SAPONAY. |
| 1861 | LABROUSTE. |
| 1862 | CHARLES DE LADOUCETTE. |
| 1863 | JOSEPH BOULAY DE LA MEURTHE. |
| 1864 | MALAPERT, Avocat. |
| 1865 | MARIE, Avocat. |
| 1866 | JULES SIMON. |
| 1867 | ALBERT LEROY. |
| 1868 | JULES FAVRE. |
| 1869 | CARNOT. |
| 1870 | LEBLOND. |
| 1871 | CARNOT. |
| 1872 | LEBLOND, Membre de l'Assemblée nationale. |
| 1873 | REMOIVILLE. |
| 1874 | JULES SIMON, Membre de l'Assemblée nationale. |
| 1875 | HÉROLD, Vice-Président du Conseil Municipal de Paris. Sénateur. |

# LISTE DES MEMBRES

## COMPOSANT LE CONSEIL D'ADMINISTRATION POUR 1875-1876.

## BUREAU

**Présidents honoraires.**

MM.

UMAS, membre de l'Institut.

EAU (Alexis), ancien membre du Conseil municipal de la Seine.

**Membres honoraires.**

OULAY DE LA MEURTHE (le comte Joseph), ancien sénateur.

ELALAIN (Jules), imprimeur de l'Université.

**Président.**

ÉROLD, sénateur.

**Vice-Président.**

RÉO, membre de l'Assemblée nationale.

E ROY (Albert), agrégé des lettres.

**Secrétaire général.**

EMOIVILLE, maire de Villiers-sur-Marne.

**Secrétaires.**

ARNOT (Adolphe), ingénieur des mines.

HALLAMEL (Augustin), Bibliothécaire à Sainte-Geneviève.

OIN (Léon), avocat,

ONTAINE (Léon), avocat.

EFEBVRE (Charles), sténographe.

ARIE-CARDINE (Wilfrid), professeur à l'Association philotechnique.

**Trésorier.**

IMON, notaire.

**Membres du Conseil.**

MM.

AIMÉS, sous-chef de bureau au ministère de la guerre,

BARNI (Jules), membre de l'Assemblée nationale.

BEURDELEY, avocat.

BORNAT, professeur de Mathématiques.

BOZÉRIAN, membre de l'Assemblée nationale.

BRISSON (Ferdinand), inspecteur primaire.

BUTEZ, comptable.

CARETTE, avocat.

CARNOT (père), sénateur.

BOURGEOIS (Léon), avocat.

COLLINEAU, docteur en médecine.

DEFODON (Charles), Rédacteur en chef du Manuel général de l'Instruction primaire.

DELASIAUVE, docteur en médecine.

DELATTRE (Eugène), avocat, ancien préfet.

DELON, licencié ès sciences.

DELORME (Achille), avocat.

EBRARD, inspecteur primaire.

FAVRE (Jules), de l'Académie française, membre de l'Assemblée nationale.

FEYTAUD, avocat.

FOLLIET (André), avocat.

GAUDON (M⠀), directrice de salle d'asile.

GÉRARD (Paul), chimiste.

MM.

HÉBERT (Louis), docteur en médecine.

GROSSELIN (Émile), sténographe réviseur à l'Assemblée nationale.

HEINA, négociant.

HENDLÉ (Ernest), avocat, ancien préfet.

HÉRISSON, avocat.

JACQUEMART, licencié ès sciences.

LAISNÉ (Marius), professeur.

LEBLOND, membre de l'Assemblée nationale.

MALAPERT, avocat à la Cour de Paris.

MARAIS (Auguste), professeur.

MARANDEL, ancien principal de collège.

MAUMY (Jules), manufacturier.

MENTION.

MOYSEN, avocat à la Cour de Paris.

MM.

OGER (Félix), professeur.

PATIN, professeur au collége Stanislas.

POIRSON (Charles), avocat.

RICQUIER (Jules), négociant.

RIDOUX, professeur au collége Stanislas.

ROGER (Louis), professeur de musique.

ROUSSELLE (André), conseiller général de l'Oise.

SIMON (Jules), sénateur.

VAN GELDER (Georges), professeur à l'Association polytechnique.

VIBERT (Edouard), négociant.

VIXOT (Joseph), directeur du *Journal du Ciel*.

VAVASSEUR, avocat.

## ASSOCIÉS ÉTRANGERS

ABILIO CEZAR BORGES, professeur au Brésil.

AGUSTIN LA ROSA TORO, directeur de collège, à Lima (Pérou).

BALAGUER (Victor), député, à Madrid (Espagne).

BRAUN (Th.) professeur à l'École normale de Nivelles (Belgique).

BUÉ (Henri), prof. au collége de St-Andrews Bradfield Reading (Angleterre).

CHAPPUIS-VUICHOUD, directeur des écoles normales du canton de Vaud, à Lausanne (Suisse).

CHAPPUSET, professeur de littérature, à Bruxelles (Belgique).

DAGUET (Alexandre), professeur à la faculté des lettres de l'académie de Neufchâtel (Suisse).

EDMOND, directeur des écoles communales de Dison (Belgique).

GATTI DE GAMOND (Mlle), directrice d'un cours d'éducation, à Bruxelles.

LAURENT, Vice-Président de la Société centrale des institutions belges, à Bruxelles (Belgique).

MADJID-BEY, directeur du bureau de la presse, à Constantinople (Turquie).

MANUEL MARCOS SALAZAR, membre du Conseil d'instruction publique, à Lima (Pérou).

MORINIÈRE (Théodore), fondateur de l'Institut péruvien, à Lima (Pérou).

PIY MARGALL, avocat, à Madrid (Espagne).

POTVIN, rédacteur de la *Revue de Belgique*.

British and Foreign School Society, à Londres (Angleterre).

Ligue de l'enseignement en Belgique.

Paris-Imp. PAUL DUPONT, 41 rue Jean-Jacques Rousseau   720.2.5